BEI GRIN MACHT SICH IHR WISSEN BEZAHLT

- Wir veröffentlichen Ihre Hausarbeit, Bachelor- und Masterarbeit

- Ihr eigenes eBook und Buch - weltweit in allen wichtigen Shops

- Verdienen Sie an jedem Verkauf

Jetzt bei www.GRIN.com hochladen und kostenlos publizieren

GRIN

Bibliografische Information der Deutschen Nationalbibliothek:

Die Deutsche Bibliothek verzeichnet diese Publikation in der Deutschen National-bibliografie; detaillierte bibliografische Daten sind im Internet über http://dnb.d-nb.de/ abrufbar.

Impressum:

Copyright © 2018 GRIN Verlag
Druck und Bindung: Books on Demand GmbH, Norderstedt Germany
ISBN: 9783346035943

Dieses Buch bei GRIN:

https://www.grin.com/document/499714

Helena Westendorf

Der Gebrauch von Lob und Tadel im Umgang mit Schülerinnen und Schülern unterschiedlichen Alters

Eine Forschungsskizze

GRIN Verlag

Universität Duisburg-Essen

Wintersemester 17/18

Fakultät für Bildungswissenschaften

Forschungswerkstatt BiWi I: Themenschwerpunkt „Unterrichtsreflexion mit dem Schwerpunkt Klassenführung"

Forschungsskizze

Datum der Abgabe: 03. April 2018

I. Inhaltsverzeichnis

1. Einleitung

Für Lehrkräfte ist es oft schwierig, ihr unterrichtliches Handeln und ihre Interaktionsgestaltung mit Schülerinnen und Schülern unterschiedlichen Alters realistisch zu beurteilen und zu reflektieren. Blinde Flecken in der Selbstwahrnehmung treten oft gerade bezüglich jener Verhaltensbereiche auf, in denen die betreffende Lehrkraft Verbesserungsbedarf benötigt. Hilfreich sind hierbei stets ermittelte Schülerinnen- und Schülereinschätzungen, da diese Beobachtungen vieler Personen über lange Zeit in unterschiedlichen Situationen vereinen und konkret darstellen. Besonders aussagekräftig ist der Vergleich mehrerer Klassen unterschiedlichen Alters zu mindestens zwei Erhebungszeitpunkten. Mithilfe des Linzer Diagnosebogens zur Klassenführung (LDK)[1] soll konkret folgender Frage nachgegangen werden:

Unterscheiden sich Schülerinnen und Schüler verschiedener Altersklassen in der Dimension Kontrolle?

Nach Folgerungen des Linzer Konzept der Klassenführung (LKK) wird Kontrolle erlangt durch Klarheit der Verhaltensregeln, Allgegenwärtigkeit der Lehrkraft, Beschäftigung der Schülerinnen und Schüler, Leistungsanforderung, Eingreifen bei Störungen[2], Kontrolle des Arbeitsverhaltens, Bestrafung und positive Verstärkung. Besonders die letzten zwei Punkte sollen durch Hypothesenbildung fokussiert werden:

1. *Jüngere Schülerinnen und Schüler werden mehr gelobt.*
2. *Jüngere Schülerinnen und Schüler werden aber auch mehr bestraft.*

Durch die empirische Überprüfung der genannten Fragestellung bzw. dieser Hypothesen soll sowohl eine Weiterentwicklung des Führungsverhaltens und der Selbstwahrnehmung, als auch eine entwicklungsförderliche Interaktionsgestaltung[3] mit Schülerinnen und Schülern unterschiedlichen Alters ermöglicht werden.

---

[1] Eine ausführliche Definition dieses Instrumentes erfolgt in *Kapitel 2.4 Das Linzer Konzept der Klassenführung.*
[2] Kounin stellt 2006 fest, dass Unterhaltungen (30 %), Lärm, Gelächter und laute Unterhaltungen (25%), sachfremde Orientierung (17,2 %) und Kaugummikauen (6,8 %) als die häufigsten Störungen gelten. Vgl. Wild, E / Möller, J.: Pädagogische Psychologie, S. 110.
[3] Zusammenfassend geht es um die „Herstellung bestmöglicher Bedingungen und Interaktionsmuster für die soziale, kognitive und emotionale Entwicklung von Heranwachsenden." Steins, G. et al.: Sozialpsychologie des Schulalltags, S. 26.

Als Grundlage der vorliegenden Forschungsskizze werden im Folgenden zunächst die Begriffe „Klassenführung" und „Classroom Management" definiert. Hierbei wird aufgrund der vorliegenden Hypothesen ein besonderer Fokus auf Lob und Tadel und auf Kounins Techniken der Klassenführung gelegt, da letztere im LDK aufgenommen wurden. Dieses Instrument wird ebenfalls in einem eigenen Kapitel erläutert. Im Anschluss an diesen theoretischen Hintergrund erfolgt sowohl die Darstellung der empirischen Befunde Kounins, als auch eine Darstellung zu empirischen Studien, die sich auf die Wirksamkeit von Lob und Tadel beziehen. Des Weiteren werden erwartete Ergebnisse und ein Zeitplan zur Durchführung des Forschungsprojekts präsentiert.

2. Theoretischer Hintergrund

2.1 Definition Classroom Management/ Klassenführung

Das schulische Miteinander wird in der akademischen Lehre häufig unter den Begriffen „Classroom Management" und „Klassenführung" thematisiert. Mit diesen Begriffen werden jedoch häufig lediglich Techniken der Schülerdisziplinierung und –sanktionierung assoziiert. Der entscheidende Aspekt, nämlich die Interaktionswirkung und -gestaltung der Lehrkraft auf Schülerinnen und Schüler, sowohl auf individueller, als auch auf Gruppenebene, wird vernachlässigt. Aus welchen Gründen? Der Begriff „Management" appelliert im heutigen Sprachgebrauch eher an organisatorische Fähigkeiten und vernachlässigt für viele somit die soziale Dimension, also die Gestaltung des Miteinanders. Dabei enthält dieser Begriff auch „[...] das „sich um etwas kümmern", was diese soziale Dimension denotativ beschreibt, aber konnotativ oft nicht wiedergibt."[4] Auch der Terminus Führung klingt autoritär und dominant. Andererseits erscheint bei einer Gruppe von durchschnittlich 29 Heranwachsenden eine konstruktive und motivierende Führung bzw. altersangemessene Anleitung als notwendig, da es Schülerinnen und Schülern häufig nicht gelingt, selbstreguliert zu arbeiten. Zusammenfassend stehen, so Evertson und Weinstein (2006), bei „Classroom Management" und „Klassenführung" die akademische, sozial-emotionale und moralische Entwicklung der Schülerinnen und Schüler im Fokus[5] – Lob und

---

[4] Steins, G. et al.: Sozialpsychologie des Schulalltags, S. 23.
[5] Vgl. Evertson, C. M. / Weinstein, C.S: Handbook of Classroom Management, S.44.

Anerkennung gelten dabei als wesentliche Bestandteile des schulischen Miteinanders.

2.2 Kounins Techniken der Klassenführung

Vor dem Hintergrund, dass die Interaktionsgestaltung der Lehrkraft eine bedeutsame Rolle für den Lernerfolg der Schüler spielt, erscheinen die Forschungsarbeiten von Jacob Sebastian Kounin (1976, 2006) als wegweisend. Seine Beiträge gehören zu den wichtigsten der Pädagogischen Psychologie in der Unterrichtsforschung und besitzen noch immer eine hohe Aktualität. „Gleichzeitig ist es ein Beispiel dafür, wie Forschung einen wesentlichen Praxisbezug ausweist und von vielen Pädagogen konkret umgesetzt werden kann."[6]

Kounin gelang es durch verschiedene methodische Zugänge, wie bspw. Beobachtungen, Videoaufzeichnungen und Befragungen mittels Fragebogen und Interviews eine konkrete Beschreibung von Kompetenzen einer Lehrkraft darzustellen, die einen reibungslosen Unterricht mit abnehmendem Fehlverhalten und einem produktiven Fluss wahrscheinlicher machen. Seine empirische Forschung verweist hier auf acht Lehrstilvariablen, die sich in fünf Merkmalsbereiche einer effektiven Klassenführung aufteilen:

Disziplinierung meint die Fähigkeit des Lehrenden, bei Unterrichtstörungen durch Lernende angemessen zu reagieren. Hierbei unterscheidet Kounin drei Dimensionen: *Klarheit*, *Festigkeit* und *Härte*.

Je mehr konkrete Informationen die Lehrkraft während ihrer Disziplinierungs-maßnahme anführt, desto höher ist die *Klarheit* dieser. Die Benennung eines konkreten Fehlverhaltens, wie bspw. „Hör bitte auf mit dem Stuhl zu kippeln.", ist somit klarer als ein einfaches „Lass das!" „*Festigkeit* bezieht sich auf das Ausmaß, mit dem Lehrende die Ernsthaftigkeit ihrer Disziplinierung zum Ausdruck bringen. Ein beiläufiges „Lass das" ist ein Ausdruck für eine geringe Festigkeit in der Disziplinierung."[7] *Härte* zeigt sich wiederum durch Aggressionen, böse Blicke oder die Androhung bzw. die Erteilung von Strafen.

Ein weiterer Merkmalsbereich, **Allgegenwärtigkeit** bzw. **Überlappung,** beschreibt sowohl die Fähigkeiten des Lehrenden, den Schülerinnen und Schülern zu verdeutlichen, dass man über das Geschehen im Klassenzimmer und ihr Tun stets

---

[6] Wild, E. / Möller, J.: Pädagogische Psychologie, S. 110.
[7] Ebd., S. 110.

informiert ist und ggf. in die Situation einschreiten wird, als auch die Fähigkeit, bei simultan auftretenden Problemen die Aufmerksamkeit gleichzeitig auf mehrere Dinge richten zu können. Zur Technik der Überlappung gehört, mehrere Sachverhalte gleichzeitig wahrzunehmen und diese durch Einsatz verbaler und nonverbaler Kommunikation (Bemerkungen, Anweisungen, Blicke) steuern zu können, ohne die Kontrolle über die Gesamtsituation zu verlieren.[8]

Des Weiteren sollte der Unterrichtsverlauf **Reibungslosigkeit** und **Schwung** besitzen, um Verzögerungen zu vermeiden und um speziell in Übergangsphasen für eine fortgesetzte Auseinandersetzung mit den Lerninhalten zu sorgen.

Ferner fordert Kounin eine **Gruppenmobilisierung** durch die Lehrkraft. Hiermit meint er die „Fähigkeit des Lehrenden, sich auf die Gruppe als Ganzes zu konzentrieren, gleichzeitig aber auch die Fähigkeit den einzelnen Schüler individuell zu unterstützen."[9]

Abschließend beschreibt Kounin **Abwechslung** und **Herausforderung**, welche im Unterricht herrschen sollten. Dies kann zum Beispiel durch spannende, gegenwartsnahe Themen gewährleistet werden.

Zusammenfassend knüpft die Forschungsfrage der vorliegenden Arbeit an diese Ausführungen an. Ist die Wirksamkeit von Kounins Merkmalsbereichen, welche Lehrerinnen und Lehrern bei Berücksichtigung dieser einen kontrollierbaren, reibungslosen Unterricht mit abnehmenden Fehlverhalten versprechen, vom jeweiligen Alter der Schülerinnen und Schüler abhängig?

2.3 Lob und Tadel

„Die Dualität von Lohn und Strafe in der Erziehung ist noch heute in der Figur des Nikolaus symbolisiert."[10] Lob und Tadel gelten seit jeher als wichtige Erziehungsmittel. Sie beeinflussen im Kontext von Erziehung und Unterricht das alltägliche Denken und Handeln. Lob wird hierbei als Zustimmung, Anerkennung und Billigung von Leistungen und Verhaltensweisen durch sprachliche oder körpersprachliche Ausdrucksmittel verstanden. Lob meint jedoch nicht nur die bloße Rückmeldung von Richtigkeit, sondern enthält auch eine positive, gefühlsmäßige Komponente der aufrichtigen Freude, Aufregung oder Überraschung.[11] Insgesamt ist Lob sowohl

---

[8] Vgl. Steins, G. et al.: Sozialpsychologie des Schulalltags, S. 164.
[9] Wild, E. / Möller, J.: Pädagogische Psychologie, S. 110.
[10] Hofer, M.: Zu den Wirkungen von Lob und Tadel, S. 416.
[11] Vgl. Brophy, J.: Teacher Praise. A Functional Analysis, S. 6.

Gegenstand erziehungs-wissenschaftlicher, als auch lern- und motivationspsychologischer Betrachtung. In Anlehnung an diese Definition wird Tadel somit als eine negative, missbilligende und ablehnende Reaktion auf eine Leistung oder eine Verhaltensweise verstanden - oftmals mit dem Ziel eine Verhaltenskorrektur oder Mäßigung zu erwirken. Durch die Verstärkungstheorie des Behaviorismus liegt das Augenmerk im heutigen Schul- und Unterrichtskontext verstärkt auf dem Einsatz des Lobes. Von allen möglichen Verstärkern, so Hofer (1985), hat Lob den Vorteil, dass es kontingent und zeitsparend eingesetzt werden kann.[12] Des Weiteren kann sich Lob positiv auf Beziehungen auswirken, das Selbstwertgefühl der Schülerinnen und Schüler stärken, die Motivation erhöhen und die Einstellung zu Lehrerinnen und Lehrern, Fach und Schule verbessern.[13]

Doch nicht alle Theoretiker favorisieren Lob. Als reine Rückmeldung kann Lob genauso aufschlussreich sein wie ein Tadel, da oft lediglich Floskeln wie „sehr gut" oder „prima" verwendet werden. Weiterhin wird die Macht- oder Hierarchiesituation, die im Verhältnis zwischen Lobendem und Gelobtem zum Ausdruck kommt, kritisiert.[14] Ferner kann ein Lob bei unverhohlener Ironie oder beim Erhalt eines zustimmenden Lobes von Personen, von denen sich Schülerinnen und Schüler abzugrenzen suchen, höchst unerwünscht sein.

Dix (2011) fasst zusammen, dass Tadel sich immer auf ein spezifisches Verhalten bzw. auf eine spezifische Leistung und nicht auf die Person der jeweiligen Schülerin/ des jeweiligen Schülers beziehen sollten. Zudem sollte ein Tadel möglichst nicht öffentlich erteilt werden und keine emotionale Vergeltungs-maßnahme darstellen.[15] Auch bei Lob sei es wichtig, dieses gerechtfertigt und ehrlich einzusetzen. Nach Dix Erfahrungen schätzen Schülerinnen und Schüler auch hier ein nicht öffentliches Lob, welches in einen Kontext eingebettet ist und reflektiert wird. Des Weiteren sollte differenziert gelobt und belohnt werden. Jüngere Schülerinnen und Schüler benötigen unmittelbares Lob, älteren Schülerinnen und Schülern hingegen gelingt die Einkalkulierung einer zukünftigen Belohnung.[16] Dies liegt unter anderem darin begründet, dass vor allem junge Menschen noch verhaltens- und handlungsunsicher sind, wenn sie unbekannte Situationen bewältigen oder

---

[12] Vgl. Hofer, M.: Zu den Wirkungen von Lob und Tadel, S. 416.
[13] Vgl. Dix, P.: Erfolgreiches Classroom-Management, S. 64 ff.
[14] Vgl. Brophy, J.: Teacher Praise. A Functional Analysis, S. 7.
[15] Vgl. Dix, P.: Erfolgreiches Classroom-Management, S. 75 ff. Anmerkung: Vergleichbar mit Kounins Merkmalsbereich ‚Disziplinierung'.
[16] Ebd., S. 68 ff.

neuartige Leistungen erbringen müssen. Es kann vermutet werden, dass eine Vielzahl von Lehrerinnen und Lehrer diesen Sachverhalt implizit verinnerlicht haben und aus diesem Grund jüngere Schülerinnen und Schüler mehr loben als ältere. Durch die Überprüfung der ersten Hypothese der vorliegenden Arbeit kann diese Vermutung falsifiziert oder verifiziert werden.

2.4 Das Linzer Konzept der Klassenführung

Das Linzer Konzept der Klassenführung (LKK), entwickelt seit 1980 von Ferdinand Eder, Johannes Mayr und Walter Fartacek, beabsichtigt, dass Lehrkräfte sich anhand von Selbsteinschätzungen sowie anhand von Rückmeldungen ihrer Schüler bzw. externer Beobachter mit ihrem pädagogischen Führungshandeln und dessen Rahmenbedingungen und Auswirkungen, auseinandersetzen.[17] Hierfür wurde ein Diagnosebogen (LDK) entwickelt, welcher aus Forschungen zur Klassenführung und aus praktischen Erfahrungen in der Lehrerbildung hervorgegangen ist.[18]

Der LDK enthält 24 wesentliche Handlungsstrategien von Lehrkräften, „[…]welche sich günstig auf das Lernengagement der Schülerinnen und Schüler auswirken, das Ausmaß an Unterrichtsstörungen vermindern und/oder zu einer positiven Einstellung der Schüler/innen zur Lehrperson und zum fachlichen Lernangebot beitragen."[19] Die 24 Handlungsstrategien lassen sich nach inhaltlichem Zusammenhang drei Kategorien zuordnen. Die erste Kategorie enthält Strategien, welche als beziehungsfördernd gelten und Beziehungen sowohl zwischen der Lehrkraft und den Schülern, als auch der Schüler untereinander begünstigen; sie entspricht weitgehend dem Konzept der humanistischen Psychologie.

Die zweite Kategorie enthält Strategien der Kontrolle des Schülerverhaltens, darunter befinden sich mehrere Strategien, die aus dem Studium Kounins bekannt sind und im Kapitel 2.2 der vorliegenden Arbeit aufgeführt wurden.

Die dritte und letzte Kategorie umfasst Strategien, „die sich auf die Gestaltung des Unterrichts im engeren Sinne, also das fachbezogene Lehren und Lernen beziehen und weniger auf das Schaffen von Rahmenbedingungen, hier finden sich u. a. Qualitätskriterien, wie sie von Helmke formuliert wurden."[20]

---

[17] Vgl. Zierer, K. et al.: Jahrbuch für Allgemeine Didaktik, S. 71.
[18] Vgl. Mayr, J: Linzer Diagnosebogen zur Klassenführung, unter: https://ldk.aau.at/ (Stand: 02.01.2018).
[19] Zierer, K. et al.: Jahrbuch für Allgemeine Didaktik, S. 72. Anmerkung: Hierbei handelt es sich um die Hauptskalen des LDK.
[20] Ebd., S. 74.

Eine Auflistung der 24 Strategien nach Kategorie:[21]

Beziehungsförderung

Authentizität / Wertschätzung / Verstehen / Kommunikation / Mitbestimmung / Gemeinschaftsförderung / Positive Emotionalität / Humor

Kontrolle

Klarheit der Verhaltensregeln / Allgegenwärtigkeit / Beschäftigung der Schüler/innen / Leistungsforderung / Kontrolle des Arbeitsverhaltens / Eingreifen bei Störungen / Bestrafung / Positive Verstärkung

Unterrichtsgestaltung

Fachkompetenz / Bedeutsamkeit der Lernziele / Strukturiertheit des Unterrichts / Erklärungsqualität / Interessantheit des Unterrichts / Klarheit der Arbeitsanweisungen / Positive Erwartungshaltung / Lernstandsrückmeldung

Die dargestellten Strategien werden im LDK ungeordnet vorgegeben und zudem mit einem Item umschrieben. Sie sind inhaltlich in allen Fragebogenversionen gleich, jedoch sprachlich auf das betreffende Alter der Kinder bzw. Jugendlichen abgestimmt und berücksichtigen das Geschlecht der Lehrkraft. Hierzu ein Beispiel:

Kategorie: *Kontrolle*

    Strategie: *Bestrafung*

        Item: *Wenn sich Schüler/Schülerinnen bei ihr falsch verhalten, hat das unangenehme Folgen.*

Insgesamt gibt es drei verschiedene Versionen des LDK für unterschiedliche Schulstufen bzw. für die Erfassung der Schülersicht und die Erfassung der Lehrersicht. Des Weiteren eignet sich der LDK aufgrund der geprüften Validität, Reliabilität und Objektivität auch als Forschungsinstrument, sodass die vorliegende Forschungsfrage, besonders im Hinblick auf die Handlungsstrategien der zweiten Kategorie, sinnvoll bearbeitet werden kann. Um die aufgestellten Hypothesen zu untersuchen, müssen im LDK die Items *Sie lobt die Schüler/ Schülerinnen, die sich so verhalten, wie sie es möchte* und *Wenn sich Schüler/Schülerinnen bei ihr falsch*

---

[21] Mayr, J. Linzer Diagnosebogen zu Klassenführung, unter: https://ldk.aau.at/pages/konzept_und_struktur (Stand: 09.01.2018). Anmerkung: Zwischen den genannten Kategorien kann es zu Überschneidungen kommen. So kann z. B. positive Verstärkung sowohl als Kontrollstrategie als auch als beziehungsfördernde Strategie aufgefasst werden.

verhalten, hat das unangenehme Folgen. betrachtet werden. Die Schülerinnen und Schüler können alle Strategien innerhalb einer fünfstufigen Skala von 1 (stimmt gar nicht) bis 5 (stimmt genau) beantworten.

3. Empirischer Teil

„Eine empirische Wissenschaft ist daran interessiert, Hypothesen und Theorien zu den Fragen zu entwerfen, mit denen man sich gerade beschäftigt. Diese Hypothesen und Theorien werden nun ihrerseits mit der Realität konfrontiert. Man vergleicht also die gedankliche Antwort auf die Frage mit den in der Realität diesbezüglich vorfindbaren Sachverhalten."[22]

Die Datenanalyse des vorliegenden Forschungsvorhabens erfolgt quantitativ, d.h., dass bereits im Vorfeld entschieden wurde, welche Merkmale oder Verhaltensweisen berücksichtigt werden und welche Messinstrumente für deren Erfassung verwendet werden sollen.

Die Berücksichtigung der Merkmale bzw. Verhaltensweisen erfolgte durch den Entwurf der Forschungsfrage (*Unterscheiden sich Schülerinnen und Schüler in der Facette Kontrolle?*) und der dazugehörigen Hypothesen (*Jüngere Schülerinnen und Schüler werden mehr gelobt. Jüngerer Schülerinnen und Schüler werden aber auch mehr bestraft.*), bei denen es sich um gerichtete Zusammenhangs-hypothesen handelt. Erkenntnisse und Antworten werden durch Einschätzungen von Schülerinnen und Schülern erlangt, welche mit Hilfe des LDK erfasst und anschließend mithilfe der Statistiksoftware SPSS ausgewertet und in eine Datenmatrix überführt werden.[23]

Da derselbe Fragebogen zum Anfang und zum Ende des Praxissemesters mit einer Klasse der Sekundarstufe I und mit einer Klasse der Sekundarstufe II durchgeführt wird, liegt sowohl eine Zufallsstichprobe[24] bzw. genauer eine Klumpenstichprobe vor, als auch ein Prä – Post – Design, da dieselben Variablen erneut erhoben

---

[22] Echterhoff, G./ Hussy, W. / Schreier, M.: Forschungsmethoden in Psychologie und Sozialwissenschaften, S. 3.
[23] Anmerkung: Die Einschätzungen der Schülerinnen und Schüler können jedoch möglicherweise folgenden Fehlern unterliegen: Urteilsfehler, Halo-Effekt, Tendenz zur Mitte, Ja-Sage Tendenz und Soziale Erwünschtheit.
[24] „Eine Zufallsstichprobe ist dadurch gekennzeichnet, dass jedes Element der Grundgesamtheit, unabhängig davon, welche weiteren Elemente schon zur Stichprobe gehören, mit gleicher Wahrscheinlichkeit ausgewählt werden kann". Bortz, J. / Schuster, C.: Statistik für Human- und Sozialwissenschaftler, S. 85.

werden. Insgesamt kann somit der Erkenntnisgewinn als deduktiv beschrieben werden: Aus dem Allgemeinen wird das Besondere und Einzelne abgeleitet.

3.1 Empirische Befunde bei Kounin

Kounin selbst berichtet, dass die genannten Lehrstilvariablen unterschiedlich stark mit der Intensität der Mitarbeit und der Rate von ausbleibendem Fehlverhalten zusammenhängen. Der stärkste Zusammenhang mit der Mitarbeit der Schüler besteht zum Schwung (r=.66) und zur Allgegenwärtigkeit (r=.62), gefolgt von gleicher Zusammenhangsstärke zu Reibungslosigkeit und Gruppenmobilisierung (jeweils r=.60).[25] Die Zusammenhänge zu Überlappung waren wesentlich schwächer (r= .46), noch schwächer die zu Abwechslung und Herausforderung (r=.37) Der letzte Zusammenhang wird jedoch wieder deutlicher bei Stillarbeitsphasen und im Grundschulunterricht[26] - das Alter erscheint hier als ausschlaggebende Variable. Auch im Hinblick auf das Ausbleiben von Fehlverhalten seitens der Schüler spielt der Schwung eine wesentliche Rolle (r=.64); alle anderen Dimensionen hängen erneut schwächer damit zusammen (Allgegenwärtigkeit, r= .62; Reibungslosigkeit, r = .49; Gruppenmobilisierung, r =.44; Überlappung, r=.36 und die Schaffung von Abwechslung und Herausforderung, r=.37).[27] Lehrende mit harten Disziplinierungsmaßnahmen werden von Probanden einer experimentellen Untersuchung grundsätzlich negativ bewertet, während der konstruktive Umgang einer Lehrkraft positive Wirkung zeigte.[28] Kounin bezeichnet dieses Phänomen als Welleneffekt. Zusammenfassend ist die Vermeidung von Verhaltensweisen, die einen flüssigen Ablauf des Unterrichts verhindern, eine der wichtigsten Determinanten für eine effektive Klassenführung. Dies kann gewährleistet werden durch eine Vollbeschäftigung der Schülerinnen und Schüler bei gleichzeitiger Rechenschaftsablegungspflicht (Kontrolle), verknüpft mit einer freundlichen und unterstützenden Interaktionsgestaltung (Lob).

---

[25] Vgl. Steins, G. et al.: Sozialpsychologie des Schulalltags, S. 163.
[26] Vgl. Wild, E. / Möller, J.: Pädagogische Psychologie, S. 113.
[27] Vgl. Steins, G. et al.: Sozialpsychologie des Schulalltags, S. 163.
[28] Anmerkung: Diese Befunde konnte Kounin jedoch nicht in der Schule bestätigen.

3.2 Studien zu Lob und Tadel

Wie bereits im Theorieteil verdeutlicht, erscheint die Hypothese, dass ein Lob günstigere Auswirkungen habe als ein Tadel, behavioral determiniert. Insgesamt beschäftigt sich die empirische Forschung schon seit Hurlock (1925) mit der Effektivität von Lob und Tadel. Bereits ihre ersten Feldexperimente mit Schülerinnen und Schülern verdeutlichen jedoch, dass zumindest kurzfristig nicht nur Lob, sondern auch Tadel günstige Auswirkungen auf nachfolgende Leistungen haben kann.[29]

Des Weiteren kann nach Brophy (1981) ein Lob nicht immer und zwangsläufig als Verstärker fungieren. Seine Untersuchungsergebnisse zeigen, dass Zustimmung, Anerkennung und Billigung von Leistungen und Verhaltensweisen durch sprachliche oder körpersprachliche Ausdrucksmittel in der erzieherischen Praxis nicht kontingent, häufig, glaubwürdig und spezifisch genug erfolgen, als das ein Lob im Sinne der Verstärkungstheorie effektiv sein könnte.[30] Ein Großteil der Lehrerinnen und Lehrer scheint meist automatisch, statt aktiv und systematisch, zu loben. Des Weiteren wird ein Lob eher für gute Antworten anstatt für gutes Verhalten ausgesprochen.[31] Noch wichtiger erscheint Brophys wiederholt replizierter Befund, dass vermehrtes Loben nicht unbedingt zu einer stärkeren Wirksamkeit führt. „Die relative Häufigkeit des Lobes bezogen auf die gleiche vorangegangene Verhaltensweise korreliert in der Regel nicht signifikant mit Leistungsfortschritten".[32] Meyer (1984) machte durch eine Serie von Untersuchungen die Entdeckung, dass ein Lob auch zu einer unerwünschten, Tadel dagegen zu einer erwünschten Sanktion[33] werden kann. Dies bezeichnet er als „Paradoxen Effekt". In seiner Untersuchung wurden Schülerinnen und Schülern folgende Situation geschildert: Zwei Schüler lösen eine schwere Aufgabe gleichermaßen richtig. Der eine wird von der Lehrerin/ dem Lehrer gelobt, der andere nicht. Fragt man nun die Probanden, wen die Lehrerin/ der Lehrer für fähiger hält, so wird von Personen, die älter als 15 Jahre sind, überwiegend angegeben, der Gelobte sei wohl weniger fähig. Tadel nach Misserfolg bei einer schwierigen Aufgabe rief den Eindruck hervor, der

---

[29]Vgl. Hurlock, E.: An evaluation of certain incentives used in school work, S. 146 ff.

[30] Vgl. Brophy, J.: Teacher Praise: A Functional Analysis, S. 12 ff.

[31] Ebd., S. 8 ff. Anmerkung: Im LDK ist Loben ausdrücklich an Verhalten gekoppelt: „ Sie lobt die Schülerinnen und Schüler, die sich so verhalten, wie sie es möchte."

[32] Hofer, M.: Zu den Wirkungen von Lob und Tadel, S. 417.

[33] Eine Sanktion ist eine Reaktion auf ein normwidriges bzw. angemessenes Verhalten; also eine verstärkende oder bestrafende Reaktion.

Getadelte sei besonders fähig – bei hinreichender Anstrengung wäre ein größerer Erfolg möglich gewesen.[34]

Wie bereits angedeutet, hängt dieser Eindruck mit dem Alter bzw. dem entwicklungspsychologischen Stand des Probanden zusammen. Kinder unter acht Jahren interpretieren Lob und Tadel nicht paradox, sondern konventionell und reagieren weitgehend emotional. Der Gelobte wird somit für begabt und der Getadelte für unbegabt gehalten. Im Alter zwischen neun und vierzehn Jahren hielten sich beide Tendenzen die Waage. Ab dem 14. Lebensjahr bzw. ab dem 8. Schuljahr eines Gymnasiums schlossen Schülerinnen und Schüler übereinstimmend auf eine niedrigere wahrgenommene Begabung, wenn jemand bei einer leichten Aufgabe gelobt wird.[35]

Diese Befunde sind unter anderem von Hofer (1985) rezipiert worden, der jedoch in einem Experiment nach Meyers Vorbild mit jugendlichen Schülerinnen und Schülern zusätzlich nach den Gründen für ihre Angaben fragte. Hieraus ergaben sich Hinweise auf eine Erwartungs-Enttäuschungs-Erklärung. Nach diesem Erklärungsansatz des „Paradoxen Effekts" besitzt die Lehrperson eine bestimmte Vorstellung der Begabung ihrer Schülerinnen und Schüler. Auf Grundlage dessen erwartet die Lehrkraft ein bestimmtes Resultat. Bei dessen Ausbleiben ist die Lehrkraft verärgert und bringt dies mit einem Tadel zum Ausdruck. So können Schülerinnen und Schüler von einem Tadel auf ein hohes Begabungsfremdbild schließen.[36]

Rheinberg (1988) vermutet, dass der „Paradoxe Effekt" an das Produkt der Unterrichtsmethode, nämlich die Szenario – Methode geknüpft ist. Obwohl Meyers Befunde repliaktionsstabil sind und von anderen Autoren bestätigt wurden, ist auffällig, dass sich die Befunde durchweg auf die Szenario - Methode stützen: Den Probanden wird eine Kurzgeschichte vorgelegt, die sich auf die Verbalisierung der Bedingungen des Paradoxen Effektes konzentrieren. Rheinberg verdeutlicht, dass es nicht auszuschließen sei, dass erst über die fähigkeitszentrierte Frage die Interpretation der Probanden in die Richtung gelenkt wird, wie sie Meyer annimmt.[37]

Des Weiteren zweifelt Rheinberg an, ob diese Situation überhaupt vergleichbar mit

---

[34] Vgl. Rheinberg, F.: Paradoxe Effekte von Lob und Tadel, S. 224.
[35] Vgl. Rheinberg, F. / Weich, K. – W.: Wie gefährlich ist Lob? Eine Untersuchung zum Paradoxen Effekt von Lehrersanktionen, S. 230.
[36] Vgl. Hofer, M.: Zu den Wirkungen von Lob und Tadel, S. 425.
[37] Vgl. Rheinberg, F. / Weich, K. – W.: Wie gefährlich ist Lob? Eine Untersuchung zum paradoxen Effekt von Lehrersanktionen, S. 228 f.

der tagtäglichen Unterrichtspraxis und dem dortigen Einsatz von Lob und Bestrafung ist. Rheinberg führte nun ein Experiment durch, bei welchem Schülerinnen und Schüler die Szenarien auf Lehrerinnen und Lehrer mit individueller Bezugsnorm-Orientierung beziehen und er im Anschluss freie Antworten erbat. Seine Befunde zeigen, dass das Auftreten des „Paradoxen Effekts" zwar nicht gänzlich, aber doch sehr stark von der Kognitionslenkung durch die Befragungsmethode, die Szenario - Methode, abhängt. Weiterhin zeigte sich, dass der Effekt seltener auftritt, wenn Schüler die Szenarien auf Lehrerinnen und Lehrer mit individueller Bezugsnorm-Orientierung beziehen, obwohl gerade diese Lehrerinnen und Lehrer häufig individualisierend bekräftigen. Die Altersabhängigkeit des Effekts konnte eindeutig bestätigt werden.[38]

4. Erwartete Ergebnisse

In Anlehnung an den theoretischen Hintergrund und den empirischen Teil der vorliegenden Arbeit wird davon ausgegangen, dass sich Schülerinnen und Schüler verschiedener Altersklassen in der Dimension Kontrolle unterscheiden. Besonders bei Lob sind große Unterschiede zu verzeichnen: Jüngere Schülerinnen und Schüler schätzen Lob, da sie es konventionell auffassen und stolz auf den Erhalt eines jeglichen Lobes sind - ihre Begabung wird gewürdigt. Ältere Schülerinnen und Schüler hingegen sind durch ein Lob bei einer leichten Aufgabe weniger ermutigt oder angespornt. Des Weiteren empfinden sie ein Lob, besonders vor der ganzen Klasse, oft als unangenehm oder peinlich. Akzeptiert wird jedoch ein diskretes oder ein indirektes Lob, „[...] wie: „Eine interessante Ansicht, Corinna", oder: Robert, kannst du genauer sagen, was du meinst, der Punkt interessiert mich"[39]. Unabhängig vom Alter müssen aber auch manche Schülerinnen und Schüler Anerkennung und Lob häufiger hören als andere, bspw. bei einer Schülerin bzw. einem Schüler mit Konzentrationsschwäche. „Insgesamt bekommen viele Schülerinnen und Schüler jedoch sehr wenig Anerkennung und Lob und geraten leicht in Vergessenheit."[40] Durch den Themenschwerpunkt der vorliegenden Arbeit kann und sollte dies in der Umsetzung bzw. während des zu bewertenden

---

[38] Ebd., S. 229.
[39] Eichhorn, C.: Classroom-Management, S. 97.
[40] Dix, P.: Erfolgreiches Classroom-Management, S. 23.

Unterrichts jedoch kein Problem darstellen, da zwangsläufig ein Augenmerk auf der Aussprache eines Lobes liegt.

Damit insgesamt ein Lob überhaupt als ein solches erkannt wird, muss die Lehrkraft, in Anlehnung an Brophy, individualisierend, spezifisch und genau genug loben. Des Weiteren sollte bei der Durchführung des vorliegenden Projekts darauf geachtet werden, dass besonders Verhalten gelobt wird, da im LDK die Strategie Loben ausdrücklich an Verhalten gekoppelt ist: „Sie lobt die Schülerinnen und Schüler, die sich so verhalten, wie sie es möchte."

Abschließend ist zu bedenken, dass Lob auch als Prävention oder Intervention dienen kann, wie es bspw. im Projekt „Kompetenzen des Klassenmanagements" (KODEK) verdeutlicht wurde.[41] Der Einsatz von spezifischem, glaubhaftem und kontinuierlichem Lob kann somit eine vermehrte Bestrafung bzw. ein Störungsverhalten verhindern, sodass sich die zweite Hypothese der vorliegenden Arbeit evtl. nicht verifiziert. Bestrafung sollte insgesamt stets hinreichend durch Lob und Belohnung ausgeglichen werden, da Schülerinnen und Schüler ansonsten keinen Anreiz haben sich an die Regeln zu halten.[42]

---

[41] Thiel, F. et al.: Abschlussbericht des Projekts „Kompetenzen des Klassenmanagements (KODEK), S. 6 ff.
[42] Dix, P.: Erfolgreiches Classroom-Management, S. 23.

5. Zeitplan

Was?   **Wann?**

Was?	Wann?
Bestimmung des Forschungsgegenstandes	01.12.2017
Literaturrecherche und Literatursichtung	ab 15.12.2017
theoretische und empirische Einarbeitung	ab 18.12.2017
Entwurf Forschungsfrage	23.12.2017
Bestimmung des thematischen Schwerpunktes, Konkretisierung der Forschungsfrage und Hypothesenbildung	29.12.2017
Abgabe der Forschungsskizze	23.01.2018
Überarbeitung der Forschungsskizze	ab 16.02.2018
Abstimmung der Forschungsskizze mit der Schule	01.03.2018
Klärung datenschutzrechtlicher Aspekte	05.03.2018
Einsatz des Linzer Diagnosebogens zur Klassenführung zum Anfang des Praxissemesters	23.03.2018
Auswertung der Daten	26.03.2018
Endgültige Abgabe der Forschungsskizze	03.04.2018
Einsatz des Linzer Diagnosebogens zur Klassenführung zum Ende des Praxissemesters	02.07.2018
Auswertung der Daten	09.07.2018
Ausgestaltung des Posters	ab 16.07.2018
Posterpräsentation	12.09.2018

II. Literaturverzeichnis

Behnke, K, Haep, A. & Steins, G. (2015): Sozialpsychologie des Schulallages. Im Klassenzimmer. Bd. 2. Lengerich[2]: Pabst Science Publishers.

Bortz, J. & Schuster, C. (2010): Statistik für Human- und Sozialwissenschaftler. Berlin, Heidelberg[7]: Springer-Verlag.

Brophy, J. (1981): Teacher Praise. A Functional Analysis. In: Review of Educational Research 51 (1), S. 5 – 32.

Dix, P. (2011): Erfolgreiches Classroom-Management. Hallbergmoos: Aulis-Verlag.

Echterhoff, G., Hussy, W. & Schreier, M. (2013): Forschungsmethoden in Psychologie und Sozialwissenschaften. Berlin, Heidelberg[2]: Springer Verlag.

Eichhorn, C. (2014): Classroom-Management. Wie Lehrer, Eltern und Schüler guten Unterricht gestalten. Stuttgart[7]: Klett-Cotta.

Evertson, C. M. & Weinstein, C.S. (2006): Handbook of Classroom Management. Research, Practice, and Contemporary Issues. NJ, Mahwah: Lawrence Erlbaum Associates.

Hofer, M. (1985): Zu den Wirkungen von Lob und Tadel. In: Bildung und Erziehung 38, S. 415 - 427.

Hurlock, E. B. (1925): An evaluation of certain incentives used in school work. In: Journal of Educational Psychology 16 (3), S. 145 -159.

Mayr, J.: Linzer Diagnosebogen zur Klassenführung, unter: https://ldk.aau.at/ (Stand: 02.01.2018)

Mayr, J.: Linzer Diagnosebogen zur Klassenführung, unter: https://ldk.aau.at/pages/konzept_und_struktur (Stand: 09.01.2018)

Rheinberg, F. (1988): Paradoxe Effekte von Lob und Tadel. In: Zeitschrift für Pädagogische Psychologie, Heft 4, 1988, S. 223 - 226.

Rheinberg, F. & Weich, K.-W. (1988): Wie gefährlich ist Lob? Eine Untersuchung zum paradoxen Effekt von Lehrersanktionen. In: Zeitschrift für Pädagogische Psychologie, Heft 4, S. 227 – 233.

Thiel, F. et al. (2012): Abschlussbericht des Projekts „Kompetenzen des Klassenmanagement (KODEK). Entwicklungen und Evaluation eines Fortbildungsprogramms für Lehrkräfte zum Klassenmanagment. Berlin, Hannover: Freie Universität Berlin.

Wild, E. & Möller, J. (Hrsg.) (2015): Pädagogische Psychologie. Berlin, Heidelberg: Springer Verlag.

Zierer, K. et al. (Hrsg.) (2015): Jahrbuch für Allgemeine Didaktik. Baltmannsweiler: Schneider Verlag.

III. Anhang

1. Elternbrief

Liebe Eltern der Klasse ___,

mein Name ist H. und ich bin Studentin der Universität XY. Im Rahmen meines Praxissemesters hospitiere und unterrichte ich seit Februar in der Klasse Ihres Sohnes / Ihrer Tochter und wäre sehr dankbar über ein Schülerfeedback zu meiner Klassenführungskompetenz. Der hierzu eingesetzte Feedback-Bogen verlangt weder Namen noch weitere persönliche Daten. Dennoch benötige ich Ihre Einverständniserklärung. Über Ihre Unterstützung würde ich mich sehr freuen!

Mit freundlichen Grüßen

- -

Mein Sohn / meine Tochter _____

□ darf den Feedback-Bogen ausfüllen

□ darf den Feedback-Bogen nicht ausfüllen.

Unterschrift _____